# स्वरगंधा : एक प्रयास

हर एहसास को स्वर देने वाली कविताएँ

Mukund S. Barsagade

BookLeaf Publishing
India | USA | UK

Made with ❤ on the BookLeaf Publishing Platform
www.bookleafpub.in
www.bookleafpub.com

# Dedication

**विघ्नहर्ता और मंगलकर्ता भगवान गणेश को समर्पण,**
*जिनकी कृपा हर नई शुरुआत को सफल बनाती है।*

**विद्या और सृजन की अधिष्ठात्री माँ सरस्वती को नमन,**
*जिनके आशीष से विचारों में प्रकाश और शब्दों में अर्थ आता है।*

**समृद्धि और सौभाग्य प्रदान करने वाली माँ लक्ष्मी को प्रणाम,**
*जिनकी कृपा से जीवन में संतुलन और उन्नति बनी रहती है।*

**अपने माता-पिता के प्रति गहन कृतज्ञता,**
*जिन्होंने मूल्यों और शिक्षा की नींव रखी।*

**और अपने प्रिय भाई-बहनों, पत्नी, पुत्र तथा मित्रों के प्रति आभार,**
*जिनके प्रेम, सहयोग और विश्वास ने इस यात्रा को अर्थ दिया।*

# Preface

## एक प्रयास

संख्याओं, अनुशासन और नेतृत्व की दुनिया ने मेरी पेशेवर राह को
लंबे समय तक दिशा दी।
चार्टर्ड अकाउंटेंसी और बैंकिंग के इस सुव्यवस्थित संसार में जीवन
स्पष्ट था—पर भाव अक्सर अनकहे रह जाते थे।

धीरे-धीरे मन में एक और स्वर जागा—कविता का।
खामोश अहसास शब्दों में ढलने लगे,
मराठी और हिंदी पंक्तियाँ प्रेम, संवेदना और जीवन के रंगों को नए
रूप देने लगीं।

यह संकलन मेरे दो आयामों का मेल है—
पेशे की संरचना और मन की उड़ान।
जो मैं हूँ और जो बनने की चाह रखता हूँ,
उन दोनों के बीच की यह एक सुंदर यात्रा है।

इन कविताओं में मैं केवल शब्द नहीं,
अपना अनुभव, अपनी संवेदना
और हृदय की वह नर्म रोशनी बाँट रहा हूँ
जो जीवन को अर्थ भी देती है और गहराई भी।

# Acknowledgements

इस पुस्तक की यात्रा अनेक लोगों के सहयोग और प्रोत्साहन से समृद्ध हुई है।

मैं अपने परिवार और सहकर्मियों का आभारी हूँ, जिन्होंने मुझे पेशेवर जीवन के साथ-साथ सृजनात्मकता के मार्ग पर भी बढ़ने की प्रेरणा दी।

अपने मित्रों का भी धन्यवाद, जिन्होंने उत्साह बढ़ाने वाले शब्द दिए और कविता साझा करने के मूल्य में विश्वास रखा।

और उन सभी का आभार, जिन्होंने प्रकाशन और कॉपीराइट की बारीकियों को समझने में मार्गदर्शन दिया, जिससे यह प्रक्रिया और अधिक सरल तथा सार्थक बन सकी।

# 1. जय जयकार गणेश देवा

जय जयकार गणेश देवा,
जय जयकार गणेश देवा।

तू ही हरता दुःख हमारे,
तू ही देता सुख हमारे।
संकट हरता भक्तों के,
गुण तेरे पावन सारे।

जो भी साधना करे तेरी,
न हारे वो दिल से कभी।
विश्वास जगे अंतर में,
रूप तेरा दिव्य सदा सभी।

आशा लेकर जो भी आए,
वंचित कोई न लौटे जाए।
अतुलित बल, अचल करुणा,
भय न तेरे पास टिक पाए।

तुझ पर विश्वास जग सारा,
तू ही सुखदाता हमारा।

विघ्नहर्ता, दुखहर्ता,
नमो नमः गणपति प्यारा।

मंगल-मूर्ति मोरया देवा,
सुखदाता विघ्नहर्ता।
चरणों में जीवन अर्पित,
नित प्रणाम सदा हमारा।

जय जयकार गणेश देवा,
जय जयकार गणेश देवा।

# 2. तुम ख्वाबों में बसी हो

तुम ख्वाबों में बसी हो,
कभी सामने भी आ जाओ।
दिल की धड़कन कहती है,
अब पास तुम भी आ जाओ।

बचपन से है तुम्हारा इंतज़ार,
तुमसे मिलने की ख्वाहिश हज़ार।
खुद को संभाला हमने हर बार,
डर था कहीं न हो इंकार।

भुला न पाए तुम्हें कभी हम,
ख्वाबों में जो मिलती हो हरदम।
ये फ़ासले क्यों हैं बरक़रार?
क्या मालूम है तुम्हें—हम कितना करते हैं प्यार।

तुमने बसा ली होगी अपनी दुनिया,
क्या पता भी है तुम्हें मेरी दुनिया?
नहीं चाहते दुनियासे विदा पर,
तुम्हारे बिना भी जीना नहीं आता।

अगर सुनती हो दिल की दुआ,
तो मेरी हर सांस में बसो ज़रा।
तेरे बिना सब सूना लगता,
तेरे संग होता मेरा जीवन पूरा।

# 3. व्यक्ति एक पर रिश्ते अनेक

व्यक्ति एक पर रिश्ते अनेक,
कैसी अद्भुत लीला है भगवान की।

रिश्ते वही जो मन को भाएँ,
मन का बंधन ही उन्हें बनाए।
मन का समर्पण ही रिश्ते निभाएँ,
सच्चे भाव ही जीवन सजाएँ।

सुख में और दुख में साथ निभाएँ,
खुशियाँ बाँटें, आँसू भी बहाएँ।
दिल से हँसें जब कुछ मिल जाए,
दर्द में भी हाथ थामे रह जाए।

रिश्तों की पहचान कठिन हो पाए,
कोई न इसका रहस्य बताए।
कब जुड़ते हैं, कब चाहत हो जाए,
कभी ये कोई समझ न पाए।

रिश्तों की आहट मन पहचानें,
सच्चा प्रेम ही उसकी  महानता जानें।

लालच-रहित जो मन अपनाएँ,
रिश्ते वही भगवान की देन कहलाएँ।

# 4. क्या यही प्यार...

क्या यही प्यार... और प्यार...?
दिल की धड़कन कहे बार-बार...
क्या यही प्यार... और प्यार...?
हाँ, यही प्यार... और प्यार...!

दिल की चाहत जब ज़ुबां पे आए,
मन हर वक़्त तितली-सा हो जाए।
रातों की नींद जब उड़ जाए,
क्या यही प्यार... और प्यार...?

वक़्त की न कोई ख़बर रहे,
दुनिया की न कोई फ़िक्र रहे।
ख़्वाबों में कोई कमी न रहे,
क्या यही प्यार... और प्यार...?

ना कुछ खोने का अब डर रहे,
हर घड़ी तेरा असर रहे।
हर पल तुझसे मिलने की नज़र रहे,
क्या यही प्यार... और प्यार...?

दिल से दुआ मैं रोज़ माँगता हूँ,
प्यार तेरा मुझसे बना रहे।
रिश्तों में हरदम फूलों की ख़ुशबू,
हाँ, यही प्यार... और प्यार...!

# 5. जय जगत.. जय जगत देवा

जय जगत.. जय जगत देवा,
तू ही परब्रह्म, तू ही महादेवा।

त्रिदेवों में एक, रुद्र स्वरूप तू,
देवों का देव, अनादि स्वरूप तू।
सहस्त्र नाम तेरे, हे भोलेनाथ,
कोई कहे महाकाल, कोई गंगाधर,
कोई शंकर कहे, कोई महेश्वर।

तेरी जटाओं में गंगा, चंद्र मुकुट है,
नाग देवता तेरे गले का आभूषण हैं।
तू करे कैलाश में वास, संग माता पार्वती,
तू बने कभी नटराज, कभी परम योगी।
तुझे पाने को तप किया पार्वती ने,
तेरा यश बढ़ाया तेरे पुत्रों ने।

तू धारण करे कभी सौम्य रूप,
कभी करे तांडव, धरे रौद्र रूप।
सती के दहन से तू हुआ क्रोधित,
किया तूने तांडव, हिला दिया जगत।

सृष्टि बचाने पिया तूने हलाहल,
नीला कंठ हुआ – कहलाया 'नीलकंठ'।

तेरी उपासना करें देव, ऋषि, मानव,
सहज हो प्रसन्न – यही तेरा स्वभाव।
तेरी कृपा से दूर हों सब दुख,
तेरा नाम दे जग को दिव्य सुख।
भक्तों के पाप हों तुझसे दूर,
तेरे दर्शन से मिले सुख अपार।

# 6. इस रिमझिम बारिश में

इस रिमझिम बारिश में,
चलो कहीं चलते हैं, भीग जाते हैं।

बादलों से भरा ये आसमाँ है,
सूरज भी शर्माकर छुपा है।
बह रही हैं ठंडी ठंडी हवाएँ,
हमें प्यार का इज़हार कराएँ।

बारिश में साथ चलते-चलते,
बातों में खो जाएँ दो प्रेमी।
संग बिताएँ ये प्यारे प्यारे पल,
खो न जाएँ ये सुनहरे पल हम।

रिश्तों की टेढ़ी-मेढ़ी रेखाएँ,
जैसे पानी की बहती धाराएँ।
साथ चलें हम कदम से कदम,
जैसे दो दिल हों हमकदम।

धरती पे हम दो परवाने,
देखें सपने हसीन जमाने के।

याद रहेंगे ये मीठे मीठे पल,
ना भूलेंगे हम आख़िरी दम तक।

# 7. तुम इतना मुझसे नाराज़ क्यों हो

तुम इतना मुझसे नाराज़ क्यों हो,
क्या ख़ता हुई मुझको भी बता दो।

तुम्हें हमने तो पलकों पे बिठाया,
हमें ज़रा ख़बर भी न होने दिया।
तुम हमसे रूठे-रूठे से रहने लगे,
जैसे पैरों तले ज़मीं सरकने लगे।

पहले की बात अब रही नहीं,
नज़र आती थी आँखों में नाराज़गी।
तुम सारी बातें अब दिल में छुपाए हो,
जैसे आसमां घने बादलों से ढका हो।

जब से आपने नज़रें फेर लीं,
दिल में कश्मकश सी रहती है।
किस गुनाह की सज़ा दी आपने,
सारी काइनात ये तुमसे पूछ रही है।

माफ़ कर दो अगर कोई ग़लती हुई,
दूरी में अब सुकून भी खो गया।

इस गुमसुम मौसम में आ लग गले,
हर दिन अब खुशियों से महक उठे।

# 8. आए जनम दिन तेरा बार-बार

हर साल करते हम इंतज़ार,
आए जनम दिन तेरा बार-बार।

माँ ने माँगी थीं दुआएँ हज़ार,
तेरे आने से मिली खुशियाँ बेशुमार।
पिछले जनम का होगा नाता कोई,
इस जनम में खुशियों की सौगात आई।

जो पधारे घर हमारे नन्हें हुज़ूर,
बदल गए घर के सारे नज़ारे।
तुम्हें बढ़ते देख जो नयन भरे,
याद आए बचपन के पल सारे।

माँ का है तू सबसे दुलारा,
सबका है प्यारा-न्यारा।
तेरी चंचल प्यारी अदाएँ,
सबके मन को मनबहाएँ।

हो तेरा जनम दिन खुशियों भरा,
तू बनाए रखे गर्व हमारा।

तेरी हो हर तमन्ना पूरी,
यही है सदा दुआ हमारी।

हर साल करते हम इंतज़ार,
आए जनम दिन तेरा बार-बार।
Happy Birthday to You,
Happy Birthday to You,

# 9. हम हैं बच्चे, दिल के सच्चे

हम हैं बच्चे,
दिल के सच्चे,
ना हमें रोको कोई,
ना हमें टोको कोई।

पढ़ेंगे, खेलेंगे, कूदेंगे,
नाम रोशन करेंगे।
बनेगा कोई वीर सिपाही,
कोई कलम का सच्चा राही।

हम बच्चे हैं दिल के प्यारे,
करेंगे सपने साकार सारे।
हम हैं इस देश के युवा,
बस चाहिए आपकी दुआ।

बनेंगे जिसको जो आए पसंद,
बस करेंगे अब धुन धना धुन।
हमें कोई कम ना आँके,
मेहनत से हमारी जीत है आगे।

# 10. जीने की चाहत है बस तुझसे

जीने की चाहत है बस तुझसे,
बना रहे तेरा साथ मुझसे।

तू रहे हमेशा दुआओं में मेरी,
जान भी जाए, रहूँ बस तेरी।
सात समंदर भी ना रोक पाएँगे,
साथ निभाने की कसमें जो खाई हैं।

हर दिन होता तेरे नाम से शुरू,
सोचूँ कैसे तुझसे बात करूँ।
कहने को तेरे पास भी बहुत कुछ होगा,
कब तक सिर्फ़ यादें तन्हा करेंगी?

आती तो होगी याद मेरी तुम्हें भी,
क्या जीने की आदत डाल ली मेरे बिना भी?
ना सह पाऊँ कोई ग़म अभी,
तेरे सिवा मेरा कोई नहीं कभी।

# 11. क्या कहें, कैसे बयाँ करें

**क्या कहें, कैसे बयाँ करें,**
**बस रहता इंतज़ार आपके दीदार का।**

**आपके आने से**
**खिलती हर तरफ़ ख़ुशहाली,**
**जैसे बारिश के बाद**
**होती चारों तरफ़ हरियाली।**

**आपके आने का**
**हर पल होता है इंतज़ार,**
**जैसे सूरज की पहली किरण का**
**करते सब इंतज़ार।**

**आपके पायल की झंकार**
**देती आपके आने की ख़बर,**
**जैसे बादलों का गहरा शोर**
**देती बारिश की आहट।**

**आपके साथ होने से**
**मन में खिलती है मुस्कान,**

जैसे पक्षियों के भोर-गान
से होती दिन की शुरुआत।

# 12. दोस्त है मेरी जान,

दोस्त है मेरी जान, दोस्ती है मेरा अभिमान,
नहीं तोड़ेंगे ये यारी, जब तक जहाँ में है जान।

दोस्तों के नाम हो जाए हर शाम,
फिर करेंगे यादें ताज़ा,
साथ निभाने का वादा,
यारी रहे हमारी सदा।

लगे अच्छी उनकी बेफ़िक्रियाँ,
करते रहें हरदम शैतानियाँ।
रखें दिल बचपन का,
करें हमेशा दिल्लगियाँ।

हर खुशी में जो हो शामिल,
हर ग़म को जो बना ले अपना,
ऐसा हो याराना, लगे सब अपनासा,
सारे दोस्तों का हो ये अफ़साना।

मेरी जीत हो उनकी,
उनकी हार हो मेरी।

करे कामयाबी की अभिलाषा,
यही दोस्ती की परिभाषा।

# 13. इस ग़म में भी हँसी देखी है मैंने

इस ग़म में भी हँसी देखी है मैंने,
इस हँसी में भी ग़म देखा है मैंने।

लंबे अरसे के बाद ये मौका मिला है,
ग़म को हँसी ने फिर ललकारा है।
हँसी बोली – ग़म को किनारे लगाना है,
हर पल उसको समेट कर रखना है।"

ग़म भी बोला – "मुझे ना ये मंज़ूर,
ना किसी को देना है ख़ुशियों का सरूर।"
दोनों की कश्मकश में फँसा इंसान,
हर बार उसका दिल हुआ बेजान।

ना जान सका ग़म को छुपाए कैसे,
ना समझ सका बुरा वक़्त बिताए कैसे।
आसरा कोई न था उसके पास उस वक़्त,
लबों पर हँसी ला, वक़्त गुज़ारता रहा कंबख़्त।

# 14. तेरे मेरे इश्क़ का शायराना दौर था

**वो दौर था, वो दौर था,**
**तेरे मेरे इश्क़ का शायराना दौर था...**

**वो मैं भी कोई और थी, तू भी कोई और था,**
**हर लम्हा था नया, हर ख़्वाब में रंग और था।**
**गुज़र गया वो ज़माना, मिलते थे हम रोज़ाना,**
**हर लम्हा था इकरार, न था किसी बात से इनकार।**

**क्या हर घड़ी ज़रूरी था यूँ प्यार जताना,**
**क्या सिर्फ़ मिलन से बनता प्यार का फ़साना।**
**काश न बनता ये अफ़साना, बस यूँ ही रहता मिलना-जुलना,**
**हर दिन था अपना सपना, हर रात थी मीठी दास्ताँ।**

**ज़माने बीत गए, न भुला पाए तुझे कभी,**
**तू कल भी मेरा था वही, आज भी है वही।**
**ख़ुद को यूँ मत दे सज़ा, न भूलें हम ख़ुद को सदा,**
**लौट आए वो दौर, जब मैं बनूँ तेरी हमशिका।**

# 15. तेरे मेरे सपनों की अधूरी ये कहानी

तेरे मेरे सपनों की अधूरी ये कहानी,
बस तू नहीं तो कोई और नहीं।

खो गए कहाँ वो प्यार-भरे रास्ते,
तेरे मेरे दरमियाँ क्यों हैं फ़ासले?
रुक गए कदम, टूट गए हौसले,
आए ना समझ, क्यों बिखरे ये रिश्ते?

इस दुनिया की फ़िकर मत कर,
हर मोड़ पे छुपा है कोई ग़म बेकरार।
बनना चाहते थे तेरे हमसफ़र,
पर हालात ने मोड़ ली अपनी नज़र।

उन्होंने ही ठुकराया जो थे अपने,
अब तू पहचान कौन पराए, कौन अपने।
राह में हर कोई साथ नहीं देगा,
ख़ुद के सहारे अब संभलना होगा।

# 16. सोचा था ख़्वाबों को हक़ीक़त बनाने

सोचा था ख़्वाबों को हक़ीक़त बनाने के लिए,
हक़ीक़त बन के रह गई ख़्वाबों की जब पल गुजरते गए।

उस पल का ख़्वाब तो हसीन था,
ख़्वाब देखना भी कितना मुनासिब था।
ठहरता कहाँ है ख़्वाब हक़ीक़त में,
पल का तो कोई हिसाब नहीं होता ख़्वाब में।

ज़िंदगी यूँ ही नहीं जी जाती ख़्वाबों में,
फ़लसफ़े यूँ ही नहीं बनते ज़िंदगी के।
हर पल को संजीदगी से सँवार कर तो देखो,
हर ख़्वाब को हक़ीक़त में उतार कर तो देखो।

माना आएँगे भी पल ख़्वाबों के,
पर हर पल क्यों हों बस इंतज़ार के?
तो क्यों न जिएँ हम ज़िंदगी यारो,
अब ख़्वाबों को ही हक़ीक़त बनाओ यारो।

# 17. मोह ले, मोह ले – तू मेरा मन मोह ले

मोह ले, मोह ले – तू मेरा मन मोह ले,
जान ले, जान ले – तू मेरा मन जान ले।

पिया के बिना ये जीना कैसे,
बनूँ मैं तेरी कृष्ण की राधा जैसे।
कर ले तू अपने वश में मुझे,
रंग दे तू अपनी रास में मुझे।

छू के बदन को हवाएँ निकल गईं,
मेरे भरोसे को वो ललकार गईं।
ये हवाएँ ले के आई हैं पैग़ाम मेरा,
पूछ रही हैं – कब इक़रार करोगे प्यार का मेरा?

चाह कर भी मैं कभी न भुला पाऊँ तुझे,
हर जनम साथ रहने का वचन जो दिया था तुझे।
मेरी साँसों पे अधिकार अब से तेरा है,
दिन हो या रात हो, मेरा मन बस तेरा है।

**मोह ले, मोह ले – तू मेरा मन मोह ले,**
**जान ले, जान ले – तू मेरा मन जान ले।**

# 18. आया त्योहार दिवाली का

आया त्योहार ये रोशनी का,
दिवाली की खुशियाँ मनाने का।

लौटे राम, लखन, सीता घर,
जगमगा उठा हर इक घर।
मनाई खुशियाँ राम के आने की,
मिठास घोली इस त्योहार की।

रंगोली सजी है हर द्वार पर,
फूलों से महकी दुनिया सारी।
होती आतिशबाज़ी खुशियाँ मनाने की,
देती अवसर भाई-बहन के मिलन की।

पाँच दिनों की यह दिवाली,
हर घर में लाती है खुशहाली।
आओ, जलाएँ दीप पाँच,
हर घर में खुशियों का साथ।
सुख, शांति, ज्ञान, यश-कीर्ति,
लाएँ सब समृद्धि का पथ।

करें आव्हान घर पधारने लक्ष्मी माता को,
मिले साथ हमेशा उनका हम सबको।
आओ, दिल से दिल के दिए जलाएँ,
हम और तुम खुशियों की बौछार लुटाएँ।

# 19. पिया बावरे, तेरे बिना कैसे जीऊँ मैं

पिया बावरे, तेरे बिना कैसे जीऊँ मैं
पिया बावरे, तुझे मनावु कैसे मैं

तुझे ढूँढती है मेरी निगाहें,
कब आयेंगे पिया मुझे लेने।
समाऊँ मैं तुझमें पिया,
जैसे सागर में मिलती नदिया।

इस महकती हवा को है पता,
तेरे सिवा मेरा दिल ना लगता।
इन बहकती फ़िज़ाओं को है पता,
कि तू मन ही मन मुझे चाहता।

बेफ़िक्र दिल को संभालूँ कैसे,
तेरी चाहत जग से छुपाऊँ कैसे।
मेरी आशिकी मुझे कब मिलेगी,
जीने की वजह मुझे कब मिलेगी।

# 20. मेरा मन तेरे प्यार में बह चला है

मेरा मन तेरे प्यार में बह चला है,
बारिश को बादलों से बुला रहा है।

बारिश की बूँदें लफ़्ज़ लेके आई हैं,
धरती से मिलकर नग़मे बना रही हैं।
उन नग़मों में तेरा ही नाम लिखा है,
तेरे प्यार का गीत गा रही हैं।

पानी की बहती धाराएँ,
तेरा मुकाम ढूँढ रही हैं।
हर गली-गली से गुज़रकर,
तेरा ही नाम पुकार रही हैं।

थम गई बारिश तुझे ढूँढकर,
बादलों ने तेरा हवाला मुझे देकर,
लिया वचन मुझसे ये कहकर –
ना हो कभी जुदा तू मुझसे रहकर।

# 21. इन दो पलों को सुकून से जी ले

इन दो पलों को सुकून से जी ले,
सपनों के खेतों को फिर से बो ले।

ख़ुशियों के लम्हे नसीब कम ही हैं,
उन्हें दिल के ख़ज़ाने में रख तो ले।
शिकायतों की धारा बहुत लंबी है,
उसे ज़हर समझ के पी तो ले।

हर मुस्कान को अपना आईना बना ले,
हर याद को गीतों में ढाल तो ले।
मरहम हर वक़्त काम आता नहीं,
कभी दिल के दर्द को महसूस कर ले।

सीखने को गिरना ज़रूरी नहीं,
किसी को दुखाना भी सही नहीं।
हर कोशिश को उम्मीद का सहारा बना ले,
हर गिरावट को सबक समझ संभाल तो ले।

हर कोई हर वक़्त साथ नहीं,

साँसों को अपना सहारा दे ले।
ज़मीं से ऊपर उड़ना ठीक नहीं,
किसी को नीचा दिखाना भी ठीक नहीं।

# 22. तुम ना मिले, तो हम, हम ना रहे

तुम ना मिले, तुम ना मिले,
तो हम, हम ना रहे।

मेरी पहचान है तुझसे,
मेरा वजूद है तुझसे।
मेरा सरूर है तुझसे,
मेरी आशिक़ी है तुझसे।

इन फ़िज़ाओं से पूछो ज़रा,
इन हवाओं से पूछो ज़रा।
इन बहारों से पूछो ज़रा,
करती हूँ इंतज़ार तेरा।

न किसी बात का हो ख़ुमार,
करूँ मैं प्यार तुझसे बेशुमार।
इंतज़ार तेरे प्यार के इक़रार का,
न ले इम्तिहान मेरे सब्र का।

न बिछुड़ूँ तुझसे मैं कभी,

न बन के रहूँ मैं अजनबी।
हो पास तू मेरे हर कदम,
यही वादा रहा मेरे सनम।

तुम ना मिले, तुम ना मिले,
तो हम, हम ना रहे।
तेरी साँसों में मेरी साँस
हरदम मिलती रहे।

# 23. दुनिया की नज़रों में

दुनिया की नज़रों में,
ख़ुद को तराश रहा था मैं,
ना जाने कब यूँ ही,
पत्थर सा बन गया था मैं।

ख़ुशियों का ख़ज़ाना खोज रहा था,
ख़्वाहिशों के मकाँ तलाश रहा था,
उम्मीदों की किरण पकड़ रहा था,
शायद मैं अपने आप को ही ढूँढ रहा था।

चाहा था कुछ मुक़ाम पाना मैंने,
मगर हर मुक़ाम पर तौला गया मैं।
ना जाने क्यों हसरतों का वज़न भी
इस बाज़ार में बिक न सका कभी।

सामने था मैं आईने के एक दिन,
नज़रें मिलीं नज़रों से उस दिन।
बोला – यही आसरा है मुझको,
उसने मेरे भीतर के 'मैं से मिला दिया मुझको।

दुनिया की नज़रों में,
ख़ुद को तराश रहा था मैं।
अब अपनी ही नज़रों में,
ख़ुद को तराशने की कोशिश करता हूँ मैं।

# 24. ज़िन्दगी के इस सफ़र में

ज़िन्दगी के इस सफ़र में,
मिलते रहेंगे अजनबी,
मगर ये ज़िन्दगी का सफ़र,
यूँ ही अजनबी न बन जाए।

ज़िंदगी के गीत गाते रहो,
पर गीत के बोल अपने हों।
ज़िंदगी खुलकर जिया करो,
सपनों को हक़ीक़त में उतारो।

पता है, हर मोड़ पर परखा जाएगा,
पर क्यों अभी से उसकी परवा?
उस वक़्त उसे ही देखा जाएगा,
अभी ख़ुद को मज़बूत रखना होगा।

ज़िंदगी पत्तों का खेल तो नहीं,
कि बस जीता या हारा जाएगा।
ज़िंदगी कोई तराज़ू तो नहीं,
कि हर पल तौला या मापा जाएगा।

ज़िंदगी की यादों को संजो लो यारो,
इस सफ़र को सुहाना बना लो यारो।
ख़ुद के लिए वक़्त निकाला करो यारो,
अपने आप से ही मिला करो यारो।

# 25. तेरा मेरा ये साथ है सुहाना,

तेरा मेरा ये साथ है सुहाना,
तेरा मेरा ये प्यार है मस्ताना।

याद है मुझे तेरा रोज़ मिलना,
हवा के झोंकों सा तेरा वो आना।
फूलों की खुशबू बन महक जाना,
ढलते सूरज संग मुझको सुला जाना।

तेरी वो आदत – ज़रा देर से आना,
आकर फिर मुझको ही समझाना।
तेरी बातों का मधुर तराना,
हर शिकवा भी बन गया बहाना।

शब्दों से नहीं बयाँ कर सकता,
तेरे संग रहने का एहसास वो।
लिखकर भी नहीं कह सकता,
तेरे बिन जीने का आभास वो।

हाथों में हाथ जब लिया तुम्हारा,
लिया था प्रण, वो सपना प्यारा।

तेरे बिना अब रहना ना गवारा,
तू ही मेरा जहां, तू ही सहारा।

# 26. गीतों से भी मधुर बोल हैं तेरे

गीतों से भी मधुर बोल हैं तेरे,
बयाँ नहीं कर पाते जज़्बात ये मेरे।

आईना भी शर्मा जाता है,
जब तू सामने मुस्कुराती है।
मुझे आँखों से देता है इशारा,
जब तेरी झलक वो दिखलाता है।

तेरे आने से बादल यूँ गुफ्तगू करते हैं,
तेरे मेरे मिलने की चर्चा करते हैं।
शायद वो तुझको मुझसे मिलाना चाहते हैं,
अपनी बातों में ही बरसातें करते हैं।

शहर में भी अब अफ़वाहें तेज़ हैं,
तेरे मुझसे मिलने के फ़तवे सरेआम हैं।
सुबह से शाम तक चलती हैं ये बातें,
कहीं ये मुकद्दर के लिखे हुए पैग़ाम हैं।

# 27. ज़िंदगी है गोलमाल–गोलमाल

ज़िंदगी है गोलमाल–गोलमाल,
सबकुछ यहाँ है डोलमाल–डोलमाल!

छोड़ो ये दुनियादारी सारी,
मस्ती की लहर पे कर लो सवारी।
जब किसी को ग़म नहीं प्यारा,
तो क्यों उठाते हो तनाव ये सारा!

दुनिया है मक्कारों से भरी,
कोई करता है मनी–मनी,
कोई करता है हनी–हनी,
तुम मत करना कोई गड़बड़ी!

यहाँ चलती का नाम ही गाड़ी,
कोई पीछे है, कोई अगाड़ी।
होड़ लगी है कौन किसको पछाड़े,
सब अपने–अपने नगाड़े बजाड़े!

ना सीमा कोई, ना बंधन,
दिन–दहाड़े लूटे जन–धन।

सुना था सेवा में मिलता मेवा,
पर मेवा ही बन गया मन का हेवा!

# 28. राधा - कृष्ण

कृष्ण, कन्हैया, मुरलीधर तू,
राधा तेरी जीवन पे वारी–वारी रे।

राधा केवल एक नाम नहीं थी,
वह तो तेरे मन की ही अंग थी।
प्रेम की दीवानी थी राधा,
तेरी छवि की परछाईं राधा।

प्रेम का रंग था बड़ा निराला था,
दोनों का अंतर्मन मिल गया था।
राधा थी दीवानी तेरी बाँसुरी की,
जिसमें जादू था तुझे मोहित करने की।

ब्रज की गलियाँ देती हैं गवाही,
राधा–कृष्ण प्रेम कथा की साक्षी।
स्वार्थ–रहित प्रेम था राधा का,
निस्वार्थ था समर्पण राधा का।

जब मोहन ने छोड़ा वृंदावन प्यारा,
राधा का जग हो गया सूना सारा।

**विरह में रोई थी राधा बिचारी,**
**स्मृतियों में खोई थी राधा प्यारी।**

# 29. खुद को संभाला है मैंने

खुद को संभाला है मैंने,
तेरे इश्क़ के इंतज़ार में।

वादियों में बहती ये हवाएँ,
शायद कोई सौग़ात लाई हैं।
एहसास जगा रही हैं मुझमें,
शायद तेरा पैग़ाम लाई हैं।

इतना तड़पाओ भी ना अब,
कि ढल जाए तमन्ना मिलने की।
मजबूर न करना इतना तुम,
कि छूट जाए आस जीने की।

इस पतझड़–सावन की रुत में,
अब आ भी जाओ मेरे सजना।
हर पत्ते–पत्ते पर लिखा है,
तेरा ही नाम, मेरे सजना।

# 30. तुम ये घूँघट तो उठाओ

तुम ये घूँघट तो उठाओ,
तुम नज़र से नज़र मिलाओ।

ये भीगा-भीगा सा मौसम,
ये ठंडी-ठंडी सी हवाएँ,
ये प्यारे-प्यारे नज़ारे,
दे रहे मोहब्बत के इशारे।

तेरी बात ही कुछ अलग है,
तू जैसे रात का फ़लक है,
चाँद भी झुक-सा आया है,
मिलन का पैग़ाम लाया है।

वो नूरानी सा मुखड़ा तेरा,
उसमें छुपा एक राज़ गहरा,
दिल बेचैन है तेरे दीदार को,
तेरी "हाँ" के इंतिज़ार को।

# 31. तेरे बिना ये दिल उदास

तेरे बिना ये दिल उदास हुआ,
दिल टूट के खामोश सा हो गया।

हमको तो तुमसे प्यार था,
दिल को तुझपे ऐतबार था।
वक़्त ने ऐसा खेल किया,
ओ जाने-जाँ... ये क्या तूने बोल दिया।

दिल से तुझको चाहा था,
हर जनम में तेरा साथ चाहा था।
क़िस्मत ने हमसे मज़ाक किया,
ओ दिलरुबा... ये क्या तूने बोल दिया।

तेरे मेरे ख़्वाब रंगीन थे,
सपनों के महल हसीन थे।
दिल ने तुझे ही रानी कहा था,
सुन ले ज़रा... ये क्या तूने बोल दिया।

क्यों समझ में आया नहीं कुछ,
कहाँ मेरी गलती बता ज़रा।

तेरे बिना ये दिल टूट पड़ा,
ऐ सनम... ये क्या तूने बोल दिया।

दिल अब भी तुझसे कहता है,
वादों को तू ना तोड़े सनम।
चाहूँगा तुझको जन्म-जन्म,
आज भी तेरा ही नाम लिया है,
फिर भी तूने... ये क्या तूने बोल दिया।

# 32. तुम जहाँ भी हो इस दुनिया में

तुम जहाँ भी हो इस दुनिया में,
लौट आओ मेरे आशियाने में।

तेरे प्यार का मैं जाम भी पी लूँ,
पीकर तेरी यादों में खो जाऊँ।
तेरे प्यार पे मैं नग़मे लिखूँ,
लिखकर वो नग़मे ख़ुद ही गा लूँ।

तेरे लिए दिन को मैं रात कर दूँ,
तेरे लिए ज़मीं को आसमाँ कह दूँ।
तेरे लफ़्ज़ों को मैं तराना बना दूँ,
तेरा-मेरा एक घराना भी बना दूँ।

आकर दिल के राज़ खोल देना,
जो सज़ा हो—वो मुझको दे देना।
किसी की कोई फ़िक्र न करना,
जो कहना हो—बस खुलकर कह देना।

# 33. हम यूँ ही हुए बदनाम तेरे इश्क़ में

हम यूँ ही हुए बदनाम तेरे इश्क़ में,
जाने किसको था ऐतबार मेरे प्यार पे।

मैंने इकरार किया था दिल से तुझसे,
फिर क्यों रहा पर्दानशीं तेरा प्यार मुझसे?
किस बात पर अभी भी एतराज़ है तुझे,
क्यों मेरी दिल की बात तू समझ न सके?

आज भी गुज़रते हैं हम तेरी गलियों से,
पर चाहत है गुज़रें तेरे दिल के द्वार से।
दरवाज़ा न खोला तुमने अपने घर का कभी,
न खोली खिड़की तुमने अपने दिल की कभी।

बस एक ख़्वाहिश थी मेरे दिल की यही,
कि तस्दीक कर दे तू अपने प्यार की कभी।
ज़माना चाहे कहे मुझे आशिक़ दीवाना सही,
पर बना रहूँ मैं तेरा आशिक़ परवाना ही।

# 34. तेरी बातों में यूँ खो जाऊँ

इस रात, तेरी बातों में यूँ खो जाऊँ,
तेरी बाँहों में ही मैं रह जाऊँ।

हो सपनों का इक घर अपना,
स्वर्ग से भी प्यारा लगे वो सपना।
घर के आगे छोटा-सा हो आँगन,
उस आँगन में साथ हो मेरे सजन।

सजन की बाँहों में मैं समा जाऊँ,
नीले आसमाँ तले यूँ ही खो जाऊँ।
रात को तारों को ज़मीं पर बुलाऊँ,
सजन के संग महफ़िल मैं सजाऊँ।

तारों संग नीचे आसमाँ होगा,
चाँद भी चुपके पास खड़ा होगा।
आएगा बस इस रात को निभाने,
कल की सुबह को दूर भगाने।

जब जमीं पे हों चाँद, तारे, आसमाँ,
मानो पूरी कायनात बाँध रही समा।

मैं सजन के गले का हार बनकर,
उसके प्यार में खो जाऊँ रातभर।

# 35. तुम्हें दुल्हनिया बनाने आए हैं

लो जी हम तुझे लेने आए हैं,
तुम्हें दुल्हनिया बनाने आए हैं।

घोड़ी की शान सवारी कर,
बारातियों को संग लेकर,
शहनाई की मीठी धुन पर,
तुझे डोली में बैठाने आए हैं।

तू आज मेरे लिए सजना,
मेहंदी में मेरा नाम लिखना।
खिड़की से चुपके-चुपके,
अपना चाँद मुझे दिखाना।

तेरा हाथ अपने हाथ में लेकर,
सपनों की हर बात हम कहकर।
सात फेरों के साथ ये वचन,
मिलन की घड़ी सजाने आए हैं।

जो कसमें–वादे किए थे,
आज उन्हें निभाने आए हैं।

तेरी माँग में सिंदूर भरके,
तुझको दुल्हनिया बनाने आए हैं।

# 36. कैसे बयाँ करूँ मेरे दिल की बातें

कैसे बयाँ करूँ मेरे दिल की बातें,
अल्फ़ाज़ मेरे, तुझसे कह नहीं पाते।

छोटी पड़ेंगी ये सारी चाँदनी रातें,
अगर मेरे सारे लफ़्ज़ मेरे संग गाते।
दिल का हाल मेरा तुझे बयाँ करते,
तेरे दिल के दरवाज़े पर दस्तक देते।

उल्फ़त कभी छुपाए नहीं छुपती,
मोहब्बत यूँ ही बेइमान नहीं होती।
इश्क़ का गुरूर कभी कमज़ोर न पड़े,
हमारे प्यार को कुछ भी खोना न पड़े।

तेरे संग कोई अनबन तो नहीं थी,
फिर भी जाने क्यों तेरा मन नहीं था।
क्यों तुमने न किया इज़हार-ए-इश्क़,
जब मैं तेरे सामने खड़ा भी नहीं था।

# 37. अब तू ही अपना सहारा है

अब तू ही अपना सहारा है,
बीते लम्हे जैसे तेरे किनारे हैं।

ज़माने का दिल बड़ा बेदर्द-बेगाना,
रहता है मुझसे कुछ यूँ ही अंजाना।
यारों की महफ़िल बस मेहमान-नवाज़ी सी है,
न आएँ वो—तो इसमें कोई भी नाराज़ी नहीं है।

इस राह में कोई अपना कभी न मिला,
सोचा—खुद से ही अब दो बातें कर लूँ ज़रा।
यादों के सारे पल जब सामने आते,
मैंने देखा खुशियों को भी आते-जाते।

शहर-शहर ढूँढ़ता रहा कुछ सुकून के सहारे,
ढूँढ़ता रहा दो लफ़्ज़ अपने लिए ही प्यारे।
न मिला कोई आशियाना इस थके दिल को,
न समझ पाया वजह दिल की इस बेबसी को।

# 38. देखो ना ऐसे, मुझे प्यार हो जाएगा

देखो ना ऐसे, मुझे प्यार हो जाएगा,
तेरी नज़रों में ही कहीं, मैं खो जाऊँगा।

तेरी आँखें कुछ तो बयाँ करती हैं,
मुझसे कुछ अनजाना-सा वो कहती हैं।
जो बात तेरी ज़ुबाँ ने अभी कही नहीं,
वो बात तेरी आँखों ने चुपके से कही।

आँखों ने शायद इशारे किए कुछ,
दिल ने भी अपनी बात कही ज़रा।
दिल ने जो भेजा होगा पैग़ाम कभी,
तेरे आने की वजह पूछी होगी वही।

दोनों को मिलना ही था एक दिन,
तो यूँ क्यों कराते हो इंतज़ार हर दिन?
फूलों से महका दूँगा तेरा सारा जीवन,
तुझे बाँहों में भर लूँगा यूँ ही सारा जीवन।

# 39. तुम जो ना मिलो तो

तुम जो ना मिलो तो,
ना अंबर में होंगे तारे।
तुम जो ना मिलो तो,
ना फूल खिलेंगे सारे।

बादलों ने भी कहा होगा,
क्यों अंबर में ठहरे हम सारे?
जब तुम्हारा आना ही नहीं होगा,
तो बरसेंगे भी किस पे हम सारे?

समंदर की लहरें थमी-सी थीं,
तेरे ना आने की वजह ढूँढ रही थीं।
चाँद भी कहीं बादलों में छुपा था,
शायद तेरा रास्ता उसे मिला न था।

हवा भी अपना रुख़ तय न कर पायी,
अपने आप में ही रही खोई-सी।
ना किया इन बादलों का इंतज़ार,
अपने दम पर ही तूफ़ान लायी।

# 40. दिल धड़कता मेरा तेरे आने से

दिल धड़कता मेरा तेरे आने से,
जाने क्यों सँभल न पाऊँ तेरे जाने से।

दिल ये समझ न पाया कभी,
कि तू पास है या दूर अभी।
लफ़्ज़ों में बात न करता कभी,
पर तेरे होने से पूरी हों ख़्वाहिशें मेरी।

मैं अकेली नहीं इस जहाँ में,
कायनात भी ढूँढे तुझे हर पल में।
मेरे संग गुनगुनाएँ गीत प्यार के,
सपने सँजोए हैं हमने इस प्यार के।

जब नहीं होता तू पास मेरे,
हर पल लगता अधूरा।
तेरे आने से रात बने सवेरा,
पूरा हो जाए मन का ये सपना मेरा।

# 41. मेरे आने से तुम्हें कोई शिकवा तो नहीं

**मेरे आने से तुम्हें कोई शिकवा तो नहीं,**
**मेरे जाने पर कोई दिल का फ़तवा तो नहीं?**

**प्यार की राहों में, दिल की पनाहों में,**
**सपनों के घर में, मन की बहारों में;**
**फूलों की ख़ुशबू और रंगों की दुनिया में,**
**बस तुझसे सिवा किसी को देखा नहीं मैंने।**

**कहीं तुझको मुझसे कोई शिकवा तो नहीं,**
**कहीं तुम मुझसे ज़रा भी ख़फ़ा तो नहीं?**
**जानकर भी क्यों अनजाने बने हो,**
**मेरे सवालों का जवाब तुम देते नहीं हो।**

**सिवा तेरे मेरी राहों में कोई और नहीं,**
**ये तन्हा दिल अब मुझसे सम्भलता नहीं।**
**तेरे बिना मेरी ये ज़िंदगी चलती नहीं,**
**तेरे बिना इस जीवन में कोई बंदगी नहीं।**

**क्यों छुपाए बैठा है दिल अपना,**

कुछ तो कह दे, चुप रहना अच्छा नहीं।
तेरे नाम से ही चलती है साँस मेरी,
तेरे संग हर पल खिल उठता हूँ मैं।

# 42. ओ गोरी, तू खेल होली

ओ गोरी, तू खेल होली,
रंग भरी, प्यार वाली होली।

गुलाल हुआ लाल सारा शहर,
हर गली बनी जैसे रंग की नहर।
रंगों से सजा है पूरा आसमाँ,
तुझे ही ढूँढता फिरता है जहाँ।

ढोल-नगाड़ा लेकर निकले छोरे,
तेरी मस्ती में झूम रहे सारे।
गोरी, ज़रा तू संभल ज़रा, अब,
तुझे रंगने को आए छोरे सभी।

पिचकारी से भर-भर रंग लुटाएँ,
गालों पर प्रेम का गुलाल लगाएँ।
थोड़ी-सी प्यार भरी भांग पिए,
तेरा पिया भी चल पड़ा तेरे दिए।

तेरा पिया तो आता ही होगा,
प्यार के रंग वो लाता ही होगा।

उसके संग की होली, ओ गोरी,
रंग दे तुझको प्यार में पूरी।

# 43. प्यार क्या होता है

प्यार क्या होता है,
क्या सपनों से भी वो प्यारा होता है?

प्यार क्या कुछ खोना होता है,
प्यार क्या कुछ पाना होता है?
प्यार क्या कोई चिंगारी होती है,
प्यार क्या बस कुछ रस्में होती हैं,
या फिर दो दिलों की कसमें–वादें होती हैं?

क्यों दिल की गलियों में कोई ठहर जाता है?
क्यों हर धड़कन अचानक बढ़ जाती है?
क्यों दिल यूँ ही खोया-खोया रहता है?
क्यों हर पल उसकी चाह जग जाती है?
क्या दिल भी फिर उसी के नाम लिख जाता है कभी?

उसके आने से फूलों की महक आती है,
उसके आने से गीतों के बोल बन जाते हैं।
उसके आने से हवाएँ भी थम जाती हैं,
उसके आने से चाँद दिन में जगमगाता है,
और उसके न आने से दिल बिखर-सा जाता है।

# 44. ये घुंघराली ज़ुल्फ़ें तेरी

ये घुंघराली ज़ुल्फ़ें तेरी लाती है क़यामत,
हवा के झोंकों से आई है मेरी इनायत।

तेरी ज़ुल्फ़ों में छुपा है राज़ कोई,
तेरी आँखों में छुपा कोई पैग़ाम ज़रा बता।
तेरे घुंघराले बालों की परछाइयों में,
अपने दिल का कोई ठिकाना तो बता।

हवा के झोंकों ने कहा—छूकर तुझे,
तेरे प्यार का कोई रंग लुटा देंगे मुझे।
बस एक झोंका और गुज़रने दे ज़रा,
शायद दिल का राज़ कह जाए वही हवा।

तेरी ख़ुशबू अगर फूलों में समा जाए,
उन फूलों का हार जो मेरे हाथों में आ जाए।
उसे दिल के क़रीब ऐसे सँभालूँ मैं,
कि तू दूर होकर भी मुझमें ही बस जाए।

# 45. खुदा जाने कैसी आशिक़ी है तुझसे

खुदा जाने कैसी आशिक़ी है तुझसे,
खुदा जाने कैसी बंदगी है मुझसे।

मिलके तुझे ही अपना हाल बताना,
कितना प्यार करते हम—जाने जाना।
मेरे दिल का हाल मैं बयाँ करूँ,
तेरी नज़रों से नज़रे मैं मिला दूँ।

ज़िन्दगी से शिकवा तो नहीं,
तेरे आने का कोई बहाना नहीं।
नज़रों से नज़रे यूँ न चुराना,
तेरी आँखों पर घायल हूँ—जाना।

दिल से दिल का सफ़र रहे मस्ताना,
न रहे मोहब्बत का दरिया अंजाना।
मेरे दिल को कभी यूँ दुखाना नहीं,
और अपना दिल बंद कर जाना नहीं।

# 46. मैं तेरे इश्क़ में डूबी–डूबी सी रहती हूँ

मैं तेरे इश्क़ में डूबी–डूबी सी रहती हूँ,
बस तेरे ही ख़यालों में खोई–खोई रहती हूँ।

इश्क़ क्या है—ये खुदा जाने या मैं,
क्या इश्क़ भी खुदा की ही मर्ज़ी होता है।
मेरे खुदा तो तुम ही हो, ओ मेरे जानम,
खुदा की मंज़ूरी ही चाह है, मेरे सनम।

मेरा प्यार तुम्हारे लिए मेरी इबादत है,
मेरा प्यार तुम्हारे लिए ही एक पाक दुआ है।
तेरी हर साँस मेरी किस्मत लिख जाती है,
तेरा हर लम्हा मेरी जन्नत बन जाता है।

तेरा प्यार ही मेरे लिए एक फ़लसफ़ा है,
तेरा प्यार ही मेरी सारी बंदगी बना है।
तेरे बिन अब कहीं भी लगता नहीं मन,
आ—तेरा साथ पाकर गुज़ारूँ सारा जीवन।

# 47. मोहब्बत पर नहीं किसी का काबू

मोहब्बत पर नहीं किसी का काबू,
हुआ दिल पर ये कैसा जादू।

इस हसीन रात में जब देखा तुझको,
नज़रों से नज़रें मिलीं तो यही हुआ।
दिल की धड़कन ने तेरा ही नाम लिया,
उसी पल से मेरा इश्क़ शुरू हुआ।

पहली नज़र में मुझे हुआ प्यार,
आँखों ने आँखों से कुछ कहा यार।
तुझे देखकर दिल की आस खिली,
साँसों को जैसे कोई मंज़िल मिली।

मोहब्बत-ए-इश्क़ हुआ अब मुझे,
दिल का पैग़ाम भेजा है मैंने तुझे।
कर ले तू इकरार-ए-दिल अभी,
बना ले तू हमराज़-ए-सारी ज़िंदगी।

# 48. कोस–कोस पे बदले पानी

कोस–कोस पे बदले पानी,
चार कोस पे बदले वाणी।

भारत की अनोखी विशेषता–
यहीं अनेकता में एकता।
जहाँ हर धर्म से होती पूजा,
हर त्योहार यहाँ मनाया जाता।

हर प्रांत के बोल हों अलग,
पर दिल की भाषा सबको आती है समझ।
खान–पान की विविध रीतियाँ यहाँ,
पर स्वाद लगें सुहाने हर जहाँ।

ये धरती देव–संतों की पावन,
ये धरती शूर–वीरों की गाथन;
ये धरती गौरवशाली बुद्धिमानों की,
ये धरती इतिहास–कथाओं की।

भारत माता का गौरव हम हैं,
उसके सच्चे बच्चे हम हैं।

आओ मिलकर रचें नया जहाँ,
जहाँ मिट जाए अपना–पराया।

कोस–कोस पे बदलें पानी,
चार कोस पे बदले वाणी।
जय भारत—जय वंदेमातरम्!
जय वीरों—जय जन–जन का धरम्!

# 49. ये ज़िंदगी के दिन चार प्यारे

ये ज़िंदगी के दिन चार प्यारे,
लगा ले अपने चार दाँव सारे।

ना छोड़ेंगे मौक़ा हम छीनने का,
लेंगे बदला इस मतवाली दुनिया का।
आज की रात है बेहद बड़ी,
मत देखो साथियो अब ये घड़ी।

इस मंज़िल को हमको पाना है,
आज रात ही पासा पलटना है।
छीन लो जितना तुम छीन सको,
यहाँ कोई नहीं जो रोक सके तुम्हें।

ले ले मज़ा इस छोटी-सी ज़िंदगी का,
फ़ैसला कर ले तू अपनी किस्मत का।
हम कर देंगे अपनी नैया पार सारी,
दुनिया देखती रह जाएगी ये सारी।

अब तू पीछे मुड़कर मत देख,
इन गलियों की कोई याद ना रख।

अख़बार का कल पहला पन्ना,
तेरे नाम का होगा गहना।

# 50. उसकी बात ही कुछ अलग है

उसकी बात ही कुछ अलग है,
वो तो चाँद–सितारों में से एक है।

क्या कहें—उसकी अदाएँ हैं निराली,
क्या कहें—उसके आते ही खिलती हरियाली।
क्या कहें—चाँद-सा मुखड़ा उसका,
क्या कहें—उसका प्यारा-सा वो गुस्सा।

सुबह से शाम मैं देखूँ चेहरा उसका,
नज़र न हटे जब गालों पर हो रंग गहरा।
उसकी शरबती आँखों में है कुछ ऐसा नशा,
मतवाले दिल का क्या होता—किसे पता।

पायल की झंकार पे मोर भी नाच उठे,
उसके न आने से लगता जग सारा रूठा-रूठा।
सूरज भी अम्बर में कहीं छुप-सा जाता है,
जब चाँद ख़ुद धरती पर उतर सा आता है।

कहने को बहुत कुछ है उसकी तारीफ़ में,
पर ये शब्द मेरे रहते नहीं काबू में।

मन की बस एक ही चाहत है—देखूँ वो नज़ारा,
घोड़ी पे बैठूँ मैं, बाँध के अपना सेहरा।

# 51. तुझे क्या ख़बर

तुझे क्या ख़बर,
मेरे दिल का क्या हाल है।
तुझे क्या पता,
तेरे सिवा कोई भी नहीं है।

मेरे लफ़्ज़ ही धोखा दे गए मुझे,
कह गए थे कि प्यार है तुझे।
लफ़्ज़ों ने लफ़्ज़ों की बात मान ली होती,
तो आज हमारी भी एक दुनिया होती।

दिल ने न समझी तेरे मन की बात,
शायद न होती तेरे आने की ही कोई बात।
दिल भी बड़ा बेवफ़ा निकला,
तेरे ही प्यार में यूँ फ़िसल पड़ा।

मन ने कितनी दफ़ा समझाया मुझे,
कि तेरी चाहत क्या है—पूछ लूँ तुझे।
पर ये दिल न माना कभी,
न होने दिया लफ़्ज़ों को बयाँ कभी।

# 52. अब डान्स ही तू ही बना

गण्या गण्या गण्या गण्या
अब डान्स ही तू ही बना

तू मुझसे उलझ ना,
अब मुझसे उम्मीद रखना।
तूने जब लिया मुझसे पंगा,
तो समझ ले—हो जाएगा दंगा।

ख़त्म कहानी दोस्ती की,
क्योंकि तूने बजाई पुंगी होशियारी की।
लगा डंका तूने अपने नाम का,
अब मैं भी देखूँ—जोश पब्लिक का।

हसूंगा मैं—जब तू गिरेगा तब,
तेरा घमंड भी टूटेगा तब।
मैदान में आए तो याद रखना,
वरना गिरकर सीख ले तब।

सुधर जा तू अभी वक्त पर,
नहीं तो गिरेगा सीधे मुँह के बल पर।

तेरी कोशिश भी लगती फेल,
मेरी बीट चले—तो हिल उठे खेल।

गण्या गण्या गण्या गण्या
अब डान्स ही तू ही बना

# 53. डरता क्यों बंदे, इस दुनिया से

डरता क्यों बंदे, इस दुनिया से,
तू कर्म कर, धर्म निभा।

ना कर परवाह लोगों की,
आदत है उनकी दिल दुखाने की।
हर बात पे मत रुक जाना,
अपने रास्ते चलता जाना।

समंदर कभी रुकता नहीं,
आसमान कभी झुकता नहीं,
पवन कभी रुकती नहीं,
सफ़र कभी ठहरता नहीं।

पंछियों को तो उड़ना है,
मछलियों को तो तैरना है,
सूरज, चाँद को तो उगना है,
वक़्त को तो आगे बढ़ना है।

बिन बादल बारिश नहीं,
बिन खेत जोते अनाज नहीं,

धरती बिना दिन-रात नहीं,
बिन मेहनत कोई सफलता नहीं।

तू चल प्रगति की ओर,
प्रयास बनाए तेरी किस्मत।
हर सबक तेरा सहारा है,
तेरे संग उन्नति हमेशा है।

डरता क्यों बंदे, इस दुनिया से,
तू कर्म कर, धर्म निभा।

# 54. मेरा प्रेम का पंचम

तुम जैसी थी, आज भी वैसी ही हो,
मेरा प्रेम का पंचम, आज भी वैसा ही है।

मिले थे कभी खुले आसमां के नीचे,
ना फूलों का गुच्छा, ना कोई दिखावा था।
हुई थी वो मुलाक़ात, उस उपवन में,
दो अजनबी बैठे थे उपवन की छाँव तले।

चाहा था उसका हाथ थामना मैंने,
प्यार जताना बस एक बहाना था।
मन ही मन उसकी मुस्कान सुहानी थी,
झट से हाथ पकड़ कर इज़हार-ए-प्यार था।

क़िस्मत ने हम दोनों को कबूल किया,
दोनों की चुप्पी में थी वो रज़ामंदी।
सादगी में अपनापन था गहरा,
दोनों का मिलना जैसे कोई बहाना था।

ज़िंदगी में कश्मकशें हुईं बहुत,
साथ निभाया उसने हर राह पर।

आज भी बिना कुछ कहे, बिना बोले,
उसका साथ मिटा दे सारे गिले-शिकवे।

आज भी जब होती है वो सामने,
दिल में उठती हैं वही खलबलियाँ।
यही सिलसिला है शुरू हुआ जब से,
उसने मेरा दिल हर लिया था।

# 55. मेरा पिया मुझे लेने आया है

मेरा पिया मुझे लेने आया है,
जान से भी मुझे वो प्यारा है।

हाथों में मेहंदी रची है,
उसका ही नाम लिखा है।
सेहरा बाँध के वो आएगा,
मुझको अपने ही रंग में रंग जाएगा।

घोड़ी पर चढ़ कर आकर,
मेरी डोली वो ले जाएगा।
मुझे अपनी दुल्हनियाँ बनाएगा,
अपनी बाँहों में मुझे समा लेगा।

सात वचनों की ज्यों ही डोरी,
मेरे जीवन से जुड़ जाएगी।
उसकी खुशबू में खोकर मैं,
उसकी साँसों में ढल जाऊँगी।

मेरा जीवन उसके नाम होगा,
मेरी हर धड़कन उसी की होगी।

सफ़र मेरा उससे ही शुरू होके,
वो मेरी तक़दीर बन जाएगा।

# 56. स्त्री: शक्ति और पहचान

वो स्त्री है, जिसका अवतार माँ का,
वो शक्ति है, स्वरूप स्वयं देवी का।
वो साथी है, जो कंधे से कंधा मिलाए,
इस जग में जिसका दूजा कोई न पाए।

क्या अभाव है उस शक्ति में,
जो निभाए हर काम सहजता से।
माँ, बहन, पत्नी, बेटी, बहु है,
शिक्षिका, वैमानिक, देश-रक्षक है।
अनेक रूप, कोई गिन न पाए,
हम उसके गुण पहचान न पाए।

वो ही है जो ज्ञान सिखाए,
सुरक्षित आकाश में उड़ाए।
वो ही खेलों में नाम चमकाए,
जवानों संग सीमा पर डटे रह जाए।
वो ही है काल, कल भी, आज भी,
पहचान वही है, कल भी, आज भी।

कैसे पहुँचाएँ दुख उस देवी को,

जिसने दी इस जग में पहचान हमको।
वो ही प्रतीक है शक्ति और ज्ञान की,
पहचान हमारे सम्मान और अभिमान की।

# 57. वादियों में छाई है सावन की घटा

वादियों में छाई है सावन की घटा,
चल तू मेरे संग, हो जा तू मेरी सदा।

वादियों से गुज़रते, फूलों की ख़ुश्बू आई,
चारों तरफ़ हरियाली ही है समाई।
तेरे संग रह कर, प्यार की बरसात भी आई,
तुझे देखकर, मौसम ने भी ली अंगड़ाई।

सूरज भी निकल कर आया है,
तुझे प्यार से वो निहार रहा है।
उसकी रोशनी भी फीकी पड़ी है,
तेरे रूप की चमक उसे छुपा रही है।

फूलों से भी तेरा चेहरा निखरा है,
मेरा दिल ये देख कर, जैसे ठहरा है।
फूलों से भी प्यारी, है तेरी ख़ुशबू,
मुझे करा रही है, तुझसे रूबरू।

इन वादियों से मेरा दिल भरा नहीं,

तेरे साथ रहने से मन भरा नहीं।
तू जाने की सोच मत, रुक जा ज़रा,
दिल की ये बात है, बस तू ही सुन ज़रा।

# 58. तू जो मुझको बोल दे अगर

तू जो मुझको बोल दे अगर,
तेरे लिए इस जहाँ से लड़ लूँ।
तू अगर बस इशारा कर दे,
तेरे लिए ये दुनिया छोड़ दूँ।

तेरा होना ही मेरे लिए सब कुछ है,
तुझसे बढ़कर कोई दूजा नहीं है।
तू मेरे लिए कोई लम्हा नहीं है,
कि जीकर फिर उसे भूल जाऊँ।

तेरा मिलना कोई इत्तिफ़ाक़ नहीं,
इत्तिफ़ाक़ों से रिश्ते बनते नहीं।
मेरी हर बात में तेरा ही ज़िक्र है,
और उस ज़िक्र में तेरी ही फ़िक्र है।

मन ही मन तुझसे गुफ़्तगू करता हूँ,
तेरे-मेरे सपनों की बातें करता हूँ।
तेरी प्यार भरी बातें सुनता हूँ,
सुनकर मैं खुद को ही खुश रखता हूँ।

# 59. मैं हूँ मुसाफ़िर इस राह में

मैं हूँ मुसाफ़िर इस राह में,
कुछ तो कमी है मेरी चाह में।

कुछ पाने को कुछ खोना है,
कुछ खोने पर ही दर्द होना है।
दर्द सहकर भी क्या पाया है?
पाकर भी दिल क्यों रोता है?

ज़िंदगी से शिकवे-गीले नहीं,
पर दिल में हैरानी थोड़ी-सी है।
सवाल तो कोई ख़ास नहीं,
पर एक उलझन रोज़-सी है।

बहा लो आँसू तुम आज ही,
क्या पता ना मौका मिले कभी।
चाहत अगर पूरी हो जाए सबकी,
फिर क्यों अधूरी लगती है ख़ुशी?

# 60. कभी हो ख़ुशी, कभी हो ग़म

कभी हो ख़ुशी, कभी हो ग़म,
बस दिल के तराने तुम गाया करो।

ना हो मायूस छोटी-छोटी बातों से,
खुशियाँ माँग के तो देखो दुनिया से।
खेलो ना कभी लोगों के जज़्बातों से,
समझ के तो देखो ज़रा उनकी नज़रों से।

कभी खुशियाँ बाँट के तो देखो,
कभी ग़म भी सहकर तो देखो।
क्यों फ़िक्र करो कि क्या पसंद उनको,
जीने की बस चाहत हो अपने मन को।

हर वक़्त एक-सा भी नहीं होता,
हर वक़्त तुम्हें परखा भी नहीं जाता।
अगर चाह हो तो राह भी मिलेगी,
दूसरों की खुशियाँ नदी-सी बहेंगी।

# 61. नन्ही-सी गुड़िया

भाभी और भैया की खुशियाँ आई हैं,
नन्ही-सी गुड़िया दुनिया में आई है।

नन्ही-सी गुड़िया घर में जान लाई है,
वो खुशियों का पूरा भंडार लाई है।
उसे देखकर सब फूले नहीं समाते,
उसकी नन्ही हँसी से सब मुस्कुराते।

उसके कोमल हाथों को चूम लूँ ज़रा,
उसके मधुर सुरों को सुन लूँ ज़रा।
आसमान से आई है वो नन्ही-सी परी,
करती रहती है तारों की गिनती सारी।

लक्ष्मी जी फिर से घर में पधारी हैं,
जीवन के सारे नज़ारे संग लाई हैं।
नज़र न लगे मेरी नन्ही-सी परी को,
बन के रहे वो हमारी पहचान सबको।

# 62. चल चल तू मेरे संग चल

चल तू मेरे संग चल,
ओ मेरे साथी, ओ मेरे दिलरुबा।

हाथों में हाथ लेके, जीवन में साथ होके,
हमसफ़र बनके, तू चल मेरे संग मस्त होके।
ये मस्त समा है, खुला आसमाँ है,
ठंडी हवाएँ हैं, प्यार का मौसम है।

अबके हम तुम्हें खोने नहीं देंगे,
इस जहाँ को हम सोने नहीं देंगे।
इन वादियों में तुम्हें भुलाने नहीं देंगे,
तेरे हर सवाल का जवाब हम देंगे।

नदिया पार तेरा–मेरा एक घर होगा,
वो खुले आसमाँ के नीचे बना होगा।
घर के हर कमरे में खिड़कियाँ होंगी,
हर खिड़की से तुम्हारी खुशबू आती होगी।

तेरी–मेरी चर्चाएँ तो हर घर में होंगी।
हमारी एक नन्ही-सी दुनिया होगी,

दुनिया में हम दो और हमारे दो होंगे,
तेरे–मेरे सपनों की सौगातें होंगी।

# 63. ना जाने लोग कैसे इज़हार करते हैं

ना जाने लोग कैसे इज़हार करते हैं
दिल की धड़कनों को कैसे बयान करते हैं।

हम बेइंतेहा प्यार करते हैं तुझसे
पर ना दी दिल ने इजाज़त कहने की तुझसे
डर था मन में कहीं गहराई,
तेरे इंकार से टूट न जाए परछाई।

अब आया वक़्त अलविदा कहने का,
दिल के इम्तिहान को पूरा करने का।
ना मुझसे बोला जाता है कि प्यार है तुझसे
ना मेरे कदम बढ़ते हैं बिना मिले तुझसे

दिल की आवाज़ तो सुन ले अभी
जाने का वक़्त हुआ मेरा अभी
हर जगह तू ही नज़र आता है,
चाँद सा चेहरा हर आईने में मुस्कुराता है।

# 64. Backspace Love

कुछ अनकही बातें, दिल में अब भी हैं,
कुछ अधूरी चाहतें, मन में अब भी हैं।

लिखा है प्यार भरा इक संदेसा तुझे,
पर डर है... क्या मेरे शब्द समझेंगे तुझे?
सोचता हूँ मैं कैसे कहूँ दिल की ये बातें,
कहीं रह न जाएँ मेरे अरमान ये आधे।

सोचा था मैंने कि आज तुझसे बात करूँ,
मन का ये बोझ, अब थोड़ा हल्का करूँ।
यदी तू किसी और की बातों में उलझी हो,
तो कैसे कहूँ... कि मेरे दिल का हाल क्या हो?

मेरे दिल की हर बात, लिखी थी मैंने तुझे,
पर सोचा सौ दफ़ा, भेजने से पहले तुझे।
मैं भेज न पाया संदेसा, बस इस डर से,
कि तू न निकाल दे मुझे, अपने दिल के घर से।

उस सर्द रात में, चेहरा मेरा जगमगाया था,
पर मेरा दिल... खुद के ही अंधेरे में डूब चुका था।

**कुछ अनकही बातें, दिल में अब भी हैं..**

# 65. तेरे पे मैं मर जावां

तेरे पे मैं मर जावां,
तेरी ही मैं बन के रहांवा।
आरज़ू है बस इतनी सी,
कि मैं उम्र भर तेरी बन जावां।

तेरे संग ये जीवन बितावां,
तेरे प्यार में सारी दुनिया भुलावां।
तेरे लिए मैं हर खुशी लुटावां,
तेरे नाम पे खुद को मिटावां।

लोग पूछदे—ये कुड़ी किसकी दीवानी?
मैं बोलूं—राधा, उस कृष्ण की दीवानी।
हर जनम मैं बनूंगी उसी की रानी,
साँस-साँस में बस वही कहानी।

दिल वो मेरा संभाल लवेगा,
हर आईने में मैनूं ही तक्खेगा।
सुबह से शाम बस प्यार करेगा,
अपनी दुल्हनिया बना लवेगा।

# 66. सादगी के परवाने

हुआ दिल ये बेकरार तेरे प्यार में,
ख़ुद को न्योछावर कर दूँ तेरे इकरार में।

लिखी होती हैं ज़िंदगी में कुछ क़िस्मतें,
तेरे–मेरे मिलन की हैं हज़ार हसरतें।
होने लगा है असर तेरी चाहत का,
मिलना तो लिखा है हम दो दीवानों का।

जब से देखा है तुझको मेरी नज़रों ने,
हुए हैं ये दिल तेरी सादगी के परवाने।
ढूँढती रहती हैं तुझे इस जहाँ में,
पूछती हैं ख़ामोशियाँ—"कब तुम मिलोगे?"

दिल को अपने बड़ी हिफ़ाज़त से रखा है,
तेरे मिलने के इंतज़ार में सँभाले रखा है।
मिलते ही ये दिल तेरे हवाले कर दूँगी,
मैं तेरी—सिर्फ़ तेरी—सदा के लिए हो जाऊँगी।

# 67. अगर तुम साथ हो

अगर तुम साथ हो,
तो ज़िंदगी बन जाए,
अगर तुम पास हो,
तो बंदगी बन जाए।

जीवन की राहों में,
सपनों की छाँव में,
कोई अपना मिल जाए,
तो दिल की बात बन जाए।

माना कि हमारे पास
न दौलत है, न शोहरत है,
पर प्यार की दौलत से
नवाज़ा है हमें।
तेरे मिलने से ही
शोहरत भी मिल जाए हमें।

तू होगी पास तो खिलेगा ये जहाँ,
खुशियाँ बरसेंगी आसमाँ से यहाँ।

न ज़िंदगी से कोई शिकायत रहेगी,
न कोई ख्वाहिश अब बाकी रहेगी।

# 68. बस तेरा ही नाम लिखा है

बस तेरा ही नाम लिखा है,
मैंने ये एक पैग़ाम लिखा है।

तेरा मुझसे दूर रहना मंज़ूर न था,
पर पास आना भी मेरे नसीब न था।
तू इतनी दूर जो गई है मुझसे,
तेरा लौट आना अब दुरूह सा लगता है।

मैं तुझको भुला दूँ, ये हो नहीं सकता,
तेरे सिवा जी सकूँ, ये भी मुमकिन नहीं।
तुझे ढूँढने की कोशिश करता रहूँगा,
तेरा इंतज़ार मैं ही करता रहूँगा।

हर पते पे पैग़ाम भेजे हैं तुझे,
प्यार के नग़्मे भी लिखे हैं तुझे।
वो पैग़ाम अगर तुझे मिल ही जाएँ,
दुआओं में मुझे कर लेना क़ुबूल।

गर प्यार अभी भी है कुछ बाक़ी,
तो लौट आना फिर पास, मेरी सखी।

तेरे न मिलने का सबब ढूँढता हूँ,
बस तेरे इक़रार का अवसर ढूँढता हूँ।

# 69. ये ज़िंदगी है कितनी ख़ुशनुमा

ये ज़िंदगी है कितनी ख़ुशनुमा,
तेरे प्यार का है ये कैसा नशा।
तेरे लिए मेरा जीवन है खुला आसमाँ,
तेरे प्यार का है ये कैसा नशा।

लगता है जैसे कोई अप्सरा हो तुम,
शायद खुदा का कोई करिश्मा हो तुम।
परियों से भी सुंदर लगती हो तुम,
तुझे पाकर जैसे मैंने स्वर्ग पा लिया।

तेरी ख़ूबसूरत आँखों में कोई बात तो है,
तेरे गालों की लाली में कोई शोख़ी तो है।
तेरे गुलाबी होंठों में कोई क़ैद तो है,
तेरी हिरनी-सी चाल में कोई जादू सा है।

तेरे नाम से ही सुबह, तेरे नाम पे ही शाम,
तेरे लिए मेरा जीवन है खुला आसमाँ।

अति सुंदरता का प्रतीक हो तुम,
मेरी आँखों में सजा कोहिनूर हो तुम।

मेरी जान से भी प्यारी लगती हो तुम,
मेरे प्रेम की ख़ूबसूरत मूरत हो तुम।

तेरे प्यार का नशा...
कल भी था, आज भी है,
साँसों में है, रग-रग में है,
और कल भी रहेगा–
यही मेरा है वादा।

# 70. तुझे मिलने के सिवा

तुझे मिलने के सिवा, कोई आस नहीं,
तुझे सोचे बिना, कोई रात नहीं।

मुद्दतें हुई हैं तुझे देखे हुए,
तेरे संग रूबरू होते हुए।
माना कि बातें हुई हैं हज़ार,
पर तेरा चेहरा अब भी आया नहीं नज़र।

ये खामोशियाँ भी पूछ रही हैं,
सामने से तू कब आ रहा है?
ये फ़ासले भी पूछ रहे हैं,
उनको कब मिट जाना है?

दिल तो यूँ ही आस लगा के है,
कि तेरा आना अभी भी तय है।
इन तन्हाइयों के मौसम में,
तेरे आने का शोर गूँज उठेगा आसमाँ में।

तू निकल के आ तस्वीर से,
आकर लगा मुझे अपने गले से।

तू अपनी बाहों में मुझे भर ले,
प्यार के कुछ लम्हे मेरे संग बिता ले।

तुझे मिलने के सिवा, कोई आस नहीं...
तुझे सोचे बिना, कोई रात नहीं...

# 71. अधूरा इकरार

ना बता भी पाए, ना जता भी पाए,
हम प्यार का राज़ खोल ना पाए।
आँखों ने समझा प्यार तेरा मेरा,
दिल ने भी जाना तू ही सहारा।

तुझे भी थी ख़बर मन के प्यार की,
चाहत तुझे भी थी बस इकरार की।
निगाहों ने कह दी दिल की ज़ुबानी,
ख़ामोशी ने रोकी हर एक कहानी।

दिल संभल-संभल कर सोच रहा था,
दोनों के ना कबूली कारण ढूँढता था।
शायद मजबूरी थी दोनों दिलों की,
ना हिम्मत हुई तस्दी जताने की।

दिल की बात खुलकर कह ना सके,
तेरे पास होकर भी तेरे हो ना सके।
तेरे मेरे सपने पूरे ना हो सके,
दोस्ती के रिश्ते से दूर ना जा सके।

# 72. अनकही मूरत

बारिश में हो हम साथ-साथ,
दोनों का हो हाथों में हाथ।

कितना प्यारा है मौसम ये,
बहती हैं ठंडी-ठंडी हवाएँ।
ये रिमझिम-रिमझिम बारिशें,
जैसे हमें कुदरत बुलाए।

एक गरम चाय का प्याला,
उसमें हो खुशियों का खजाना।
हम दोनों के जीवन में लाए,
रस उसका कुछ सबसे निराला।

उड़ गया छाता अचानक हाथों से,
वर्षा रानी फिर जमकर बरसी।
नयन न हटे मेरे तेरे चेहरे से,
हर पल लगे जैसे कोई कविता सी।

समझ न पाया मैं देखूँ किसको,
दोनों ओर थी सुंदरता बेमिसाल।

एक तरफ़ थी तेरी प्यारी सूरत,
दूजी तरफ़ मेरी अनकही मिसाल।

# 73. ओ मेरे साजन ना छोड़ जा अभी मुझे

ओ मेरे साजन, ना छोड़ जा अभी मुझे,
ओ मेरे साजन, ले जा तू साथ अपने मुझे।
तेरी ही ज़िंदगी हूँ मैं, तेरी ही बंदगी हूँ मैं,
तेरे होने से ही तो, अपनी ज़िंदगी में हूँ मैं।

तू ही ख़यालों में है, तू ही ख़्वाबों में है,
तेरी यादों में ही, अपनी उम्र गुज़ारूँ मैं।
तेरे साथ होने से, जहाँ जीत लूँ मैं,
तेरी साँसों के सहारे, सदियाँ जी लूँ मैं।

बहाने तो हज़ार होंगे, न मिलने के,
मिलन का बस एक बहाना, तू ढूँढ ले।
चाहतें तो बहुत होंगी, इस जीवन में,
संग जीने का एक अफ़साना, तू ढूँढ ले।

जब हम आमने-सामने होंगे,
तो कुछ प्यारी-सी वारदातें भी होंगी।
उन वारदातों के बहाने ही सही,
हमारी मुकम्मल मुलाक़ातें भी होंगी।

मुलाक़ातों का क़िस्सा, यूँ ही बना रहे,
मिलने का ये सिलसिला, ता-उम्र शुरू रहे।
मैं सिर्फ़ तेरी बन के ही रह जाऊँ,
तेरे ही जीवन में, मैं बस समा जाऊँ।

# 74. जहाँ भी जाऊँ तू ही नज़र आती है

जहाँ भी जाऊँ, तू ही नज़र आती है,
मेरी हर साँस में तेरा ही नशा छाया है।
दिल नहीं मानता, बिन तेरे प्यार के,
तेरी ही याद अब, मुझे तड़पाती है।

जिस तरफ़ भी नज़रें मैं दौड़ाऊँ,
मुझे हर जगह बस तू ही दिख जाए।
जब तेरे प्यार के गीत मैं गाऊँ,
सारी कायनात उनमें समा जाए।

तेरे मेरे पास आने की जो ख़बर है,
उसने दिल की धड़कनें तेज़ कर दी हैं।
दिल में हल्का सा तूफ़ान उठा है,
ख़ामोशी भी अब बातें करने लगी है।

निगाहें टिकी हैं हर इक राह पर,
तेरे आने की चाहत है ज़ोरों पर।
हर किसी में तुझे देखूँ—दुश्वार नहीं,
पर तू नज़रों से दूर रहे—ये मंज़ूर नहीं।

दिल नहीं मानता, बिन तेरे प्यार के,
तेरी ही याद अब, मुझे तड़पाती है।

# 75. तेरा वादा था मुझसे, ऐ मेरे सनम

तेरा वादा था मुझसे, ऐ मेरे सनम,
तू मुझसे मिलती रहेगी हरदम।
तेरे मिलने के वो हसीं बहाने,
हर रोज़ बनते थे मेरे फ़साने।

तेरा वक़्त पे आना न होना,
धीरे-धीरे बन गया अफ़साना।
तेरा हर बार यूँ देर से आना,
लगता था जैसे तेरा तराना।

मेरे दिल से तेरा ख़याल जाता नहीं,
राहों से मेरी नज़र हटता नहीं।
तेरी देरी का कोई ग़िला नहीं मुझको,
तेरे इकरार में ही सुकून है मुझको।

चाहे जितना भी तू वक़्त लगा ले,
मुझसे तू चाहे जितने सवाल कर ले।
तू कोई नया बहाना भी बना ले,
पर उम्र भर तू मेरे संग चला ले।

www.ingramcontent.com/pod-product-compliance
Lightning Source LLC
LaVergne TN
LVHW010812051026
849532LV00007B/2522
* 9 7 8 9 3 7 5 1 0 8 5 4 2 *